Aquí están...
Notas y Poemas

Luis Armando Cruz Quezada

BARKER&JULES

BARKER &JULES'

AQUÍ ESTÁN NOTAS Y POEMAS

Edición: BARKER & JULES™
Diseño de Portada: Zaira Munizaga | BARKER & JULES™
Diseño de Interiores: Estefanía Nicté Estrada | BARKER & JULES™

Primera edición - 2022
D. R. © 2022, Luis Armando Cruz Quezada

I.S.B.N. Paperback | 978-1-64789-983-7
I.S.B.N. Hardcover | 978-1-64789-984-4
I.S.B.N. eBook | 978-1-64789-982-0

Derechos de Autor - Número de control Library of Congress: 1-11310143705

Todos los derechos reservados. No se permite la reproducción total o parcial de este libro, ni su incorporación a un sistema informático, ni su transmisión en cualquier forma o por cualquier medio, ya sea electrónico, mecánico, fotocopia, grabación u otros, sin autorización expresa y por escrito del autor. La información, la opinión, el análisis y el contenido de esta publicación es responsabilidad de los autores que la signan y no necesariamente representan el punto de vista de BARKER & JULES™, sus socios, asociados y equipo en general.

BARKER & JULES™ y sus derivados son propiedad de BARKER & JULES LLC.

BARKER & JULES, LLC
3776 Howard Hughes Pkwy 549, Las Vegas, NV 89169
barkerandjules.com

Aquí están...
Notas y Poemas

Luis Armando Cruz Quezada

BARKER & JULES

Prólogo

Aquí están notas y poemas, aquí están mis ideas. Así que léelas, reflexiónalas, critícalas… hazme crecer con ellas aúnmás.

Aquí están mis notas y mis poemas, no hay más que decirpor el momento, mas lo que ya está aquí.

Agradecimiento

Agradezco a mi familia, ese pequeño núcleo que a su manera me sembró valores, me han infundido ideas diferentes, que han apoyado mis ocurrencias y todavía se sienten orgullosos de ellas.

A mis amigos, ellos saben quiénes son, por apoyarme, por ver más potencial en mí, que el que yo veía en varias ocasiones.

También agradezco a aquellos que me apuñalaron sin querer, como los que lo hicieron con alevosía y ventaja.

A todo amor que se cruzó en mi camino, por las lecciones que me dieron.

Además, agradezco a mis revisores Aime Legarreta Rodriguez y Paty Irigoyen, por ayudarme a pulir este libro, por tratar este proyecto con delicadeza.

Finalmente a Dios por todo, por este libro, por poner a todas estas personas que me dieron una enseñanza, por generar emociones tan grandes que tuve que ponerlas sobre papel, para no perder la cordura que me queda.

Introducción

Este libro, estos escritos, estos poemas son una recopilación de ideas que han pasado por mi mente aproximadamente desde hace diez años, algunos son el sustento de otros, varios son posibles respuestas de algunos, me gusta pensar que se han desarrollado para mostrarme que mi perspectiva ha ido cambiando con el tiempo.

Al ser dueño de este libro, tienes libre uso de mis notas y poemas, sabrás si los dedicas, o tiras las indirectas con ellos, si aprovechas para crecer como persona, o me buscas para realizar un diálogo para hacer crecer nuestro pensamiento.

"*Aquí están notas y poemas*" cumple un sueño mío, que alguna persona lea algo que escribí por mi cuenta, poniéndolo a reflexionar; escribir cualquiera puede hacerlo, tomar el riesgo de que alguien más lo lea es diferente. Espero disfrutes, reflexiones, rayes las páginas, hables del libro, así como en su creación yo lo hice.

Contenido

Limpiarse y motivarse 8

Loco 19

Autoayuda 20

Respuestas 21

Arte 22

Obra 23

Joder 24

Quiero 25

Estar vivo 26

Gente 27

No esperes 28

Disfruta 29

Empatía 30

Calidez 31

Fortaleza 32

Pestañeo 33

Yo soy 34

Funcionará 36

Un mejor lugar 37

Rendirme conmigo 38

Fotos 39

Encapsular 40

Tengo el honor 41

Cactus 42

Entre nosotros 43

Mecanismos 44

No se puede medir 46

Amores de mi vida 47

Siete maravillas 48

Compañía 49

Dos que tres 50

Miedo 51

Recuerdos 52

Siempre 53

Nunca fue 54

Duela más 55

¿Dónde estás? 56

Dudas 57

Sueños 58

Besos 59

Métodos 60

Jode 61

Soñé 62

No es lo tuyo 63

Resumo 64

A jodernos 65

Aunque joda 66

Primera opción 67

Primavera de nuevo 68

Inspiración 69

Canción 70

Manera correcta 71

Amor 72

Cambios 73

Copo de nieve 74

Luna y atardecer 75

Irónicamente 76

Ebrio 77

Fotografía 78

Tu mirada 79

Fuego artificial 80

Ojos 81

Sin ti 82

El amor de mi vida 83

Un nido 84

Tipos de besos **85**

Eléctrico 86

Fantasmal 87

Relativos 88

De fuego 89

De compañía 90

Sabor despedida. **91**

Cuando parta 92

Despedida 93

Diferente 95

Abuelo 97

Viento 98

Nunca recuerdo o recordaré 99

Tú eres las estaciones 101

Enamorar 104

Decidir 106

Simple humano 107

No es lo que todos dirán 108

Llego a marzo. 109

¿Cuándo? 110

Salas de espera 111

Te quiero 112

Te lo aseguro 113

Quisiera 114

Medicina 115

Complejos 116

Fantasma 117

No sabemos perder 119

Ocasiones 121

Agua y fuego 122

Viva hipocresía 123

Recuerdo 124

Sé que me puedo ir 125

Entender 126

Te agradezco 127

Padre mío 128

Tal vez 129

Mami Chelo 130

Cada mañana 131

Navegando 132

Limpiarse y motivarse

Me puse a desmarañar mis recuerdos para inspirarme, salieron algunas lágrimas y risas, así descubrí que se mira al pasado para limpiarse y motivarse.

Loco

Escribo para mantener mi locura a raya. Para desahogar mis pensamientos y sentimientos. Porque entre locura y lucidez hay una línea muy delgada.

Autoayuda

Me pregunto cuántos escritores habrán ahogado sus poemas en copas de alcohol para evocar el olvido, en lugar de inmortalizar el amor que tanto extrañan. Pero que no te extrañe, los escritores, no escribimos a quien amamos, escribimos a la melancolía de lo que no fue, los que son felices, dejan de hacer obras inmortales y crean autoayuda.

Respuestas

Buscamos respuestas siempre fuera, ¿nunca te has detenido a buscar dentro de tu corazón?

Arte

Porque cuando tenemos emociones tan intensas, debemos, no necesitamos, debemos, expresarlas de alguna manera, para poderlas sacar de nuestro sistema, es así como se crean esas canciones inolvidables, esos poemas irrepetibles, esas pinturas, que hacen que nos vibre el alma. Por eso te pido, que cuando las emociones estén a flor de piel, cuando la tristeza inunde tu alma, el fuego de tu vida recorra tu cuerpo, o la felicidad te haga sentir explotar, porfavor, CREA ARTE.

Obra

Me acostumbré a que mi vida es un cuadro que pinto constantemente, lo reviso, lo analizo y me doy cuenta de que algunos trazos han sido para borrar otros; otros que creía me llenaban de orgullo.

Pero al final, cuando mi obra esté terminada, solo yo sabré qué he pintado, los observadores verán otra cosa, tal vez vean mi cuadro mostrando más alegría de la que tuve, otros verán que el cuadro refleja que no disfruté todo lo que tiene la vida, muchos lograrán verla con un valor muy alto, otros dirán que el valor es desolo unos centavos, pero mi cuadro no está pintado para cualquiera; y al final, aunque no lo vean como yo lo veo, aquellos que realmente me importaban mientras pintaba, sé que lograrán verlo más aproximado, con más realismo a lo más cercano, que como todo autor, yo quería mostrar.

Joder

Veo en las noticias… feminicidios, secuestros, enfermos.

Veo el caos en este mundo, las personas con hambre.

Triste me siento y miro hacia abajo decepcionado del planeta.

Entonces… veo florecer un pequeño botón ante la tempestad.

Veo mi computadora, observo la obra de arte de una amiga.

Suena mi teléfono y leo los mensajes de amor de mi familia.

Joder, el mundo es una bella dualidad de luz y oscuridad.

Quiero

Quiero disfrutar la vida, a tal modo que si por mala suerte pierdo una pierna, llegaré a donde quiera brincando en un pie o usando andador, si pierdo ambas, será divertido aprender a usar una silla de ruedas, si me quedo sin brazos para dibujar, tendré ojos para apreciar el arte de los demás, si pierdo la vista, tendré oídos y boca para dialogar, discutir y escuchar. Quiero, a pesar de las adversidades, VIVIR, disfrutando lo mucho o poco que tenga, hasta que llegue mi final.

Estar vivo

Veo que no quiere escuchar la música que le gusta, no quiere sentir la brisa del verano, ni platicar ninguna historia y mucho menos compartir sus ideas, no quiere observar lo bueno que tiene, ni salir a visitar a las personas, dichapersona está dejando que el tiempo pase, sin meditar, sin crecer, solo dejando que todo avance, aunque se le cargue realmente el almay el cuerpo. Esto solo me demuestra la diferencia entre vivir y estar vivo.

Gente

Hay dos tipos de gente cabrona, los cabrones francos, que se esfuerzan en ser mejores, que no se dejan pisotear y defienden con las garras a sus seres queridos, y están los cabrones aprovechados, que manipulan situaciones, no les interesan ni sus seres "queridos", y nomás aparentan ser los mejores. Mucho cuidado si sees de los segundos, porque al toparse con los primeros, les irá muy mal.

No esperes

A veces queremos dejar atrás a ciertas personas, quedarnos solo con las que nos importan y a las que les importamos, a veces, queremos con toda nuestra alma decir la admiración, cariño y agradecimiento que le tenemos a una persona. Solo quiero decir, que no esperes que las circunstancias de la vida te den un empujón para hacerlo.

Disfruta

Cada quien disfruta la vida a su manera. Yo solo les ruego que la disfruten, que si la vida cambia las condiciones del juego, busquen cómo disfrutarla, y sí, siempre habrá un tiempo que necesiten morir en vida para cambiar, crecer y ser mejores personas, intenten por favor, por subien, solo durar lo necesario y no se cierren a los deleites que la vida les pueda compartir.

Empatía

La empatía es un arma de doble filo, que te ayuda a conectar con los demás, permitiéndote estar en los zapatos del otro, como puedesusarla para entender al prójimo, el prójimo lo puede usar para victimizarse y usarte a su gusto.

Calidez

La razón por la que amo el frío es porque, al sentir esa corriente helada recorrer hasta el interior de mi cuerpo, me doy cuenta de que tengo calidez y para las personas que nos han dicho que somos fríos, saber que tenemos calidez, nos puede formar una sonrisa.

Fortaleza

Recuperé mi fortaleza el día que decidí llorar. La recuperé cuando llené de lágrimas mi almohada, cuando llené de gritos las paredes de mi cuarto, cuando me quedé sin respiración y mis ojos estaban rojos de tanto llanto. Recuperé mi fortaleza cuando decidí aceptar el dolor, sentirlo, sufrirlo y liberarlo.

Pestañeo

La vida cambia en un pestañeo, que no nos gusta algunas veces, dejándonos entonces el deseo de que, con otro pestañeo, todo vuelva aser normal.

Yo soy

Cada día me levanto y me pregunto, ¿quién eres?, porque a pesar de todo, a pesar de que lo intenten, a pesar de esas ráfagas de pensamientos diferentes, hay algo que tengo muy claro, lo cual siempre lo digo con orgullo, lo cual siempre me mantiene con los pies en la tierra, lo cual me hace mantenerme con la frente en alto, simplemente, mirarme al espejo y decir "yo soy el hijo de mis padres".

Funcionará

Se dice que hay una ley de equilibrio en el universo en la que, si ganas algo, debes de perder algo, si pierdes algo, recibirás algo a cambio; pero mientras yo tenga alguna persona que me apoye, me abrace, me felicite, me motive, me cuide, yo siempre estaré ganando y la ley del equilibrio nunca funcionará.

Un mejor lugar

Existe oscuridad en cada uno de nosotros, pero también hay luz, vale más tener y ser personas faro el mayor tiempo posible, tal vez si esto pudiera suceder, el mundo sería un mejor lugar.

Rendirme conmigo

Yo creo que la gente puede cambiar, aunque no siempre lo hacen para bien, yo creo que la gente puede cambiar, aunque no nos gusten los cambios que hagan, yo realmente quiero creer que la gente puede cambiar, porque si me rindo con ellos, sería como rendirme conmigo.

Fotos

Aun cuando las fotografías capturan detalladamente, el paisaje, las siluetas, luces y colores del momento, créeme que las emociones, las memorias y las sensaciones, que se quedarán en mi mente, no las podrá ver nadie más que yo.

Encapsular

Yo aprendí el arte de encapsular recuerdos, ponerlos en bellas figuras, para observarlos en las frías noches, por eso nunca falta la memoria traviesa, que decide aparecer cuando paso por un lugar donde sucedió algo mágico; y no me malinterpreten, pensando que lo mágico son cosas enormes, hay tanta magia en cosas pequeñas, como abrazos, palabras de aliento, un beso en la frente, un reencuentro de hace años.

Recordar todo eso, hace la vida más liviana y te motiva a mantener cerca a las personas que te ayudaron a crear esos recuerdos.

Tengo el honor

Conozco unos superhéroes, no tienen capas o disfraces para esconder su identidad; yo los considero mejor que muchos otros, aún con entrenamiento y habilidades tan diferentes, siempre han sabido ponerse de acuerdo para ayudarme, aun cuando no tienen ultrafuerza, siempre levantan mi ánimo, no tienen resistencia a las balas, pero saben cómo resistir a los golpes de esta vida, no tienen visión de rayos x, pero siempre visualizan lo mejor para mí, siempre saltan al peligro, pasando noches en vela para protegerme cuando más vulnerable me siento, y lo más importante: no solo me rescatan en momentos oscuros de mi vida, sino que me enseñan cómo sobrevivir en este mundo hostil con la mejor actitud posible.

No hay manera de agradecerles tanto sacrificioa esos héroes que tengo el honor de llamar: padres.

Cactus

Si algo me queda claro,
es que no puedes
abrazar a personas cactus,
aun cuando sean "familia".

Entre nosotros

Viven entre nosotros esas personas sin conciencia, tal vez se crucen en nuestra vida, pero que nos toque vivir con ellos, no significa que tengamos que convivir con ellos.

Mecanismos

Si pudiéramos visualizar nuestro corazón como un instrumento mecánico, podríamos entonces observar, los diferentes mecanismos que hay en él, todas esas partes, que en conjunto logran generar la sístole y diástole de dicho órgano. Aunque sea difícil de creer, el mecanismo de nuestro corazón, cambia constantemente, la mayoría de las partes corresponden a las personas que tenemos en nuestra vida, a veces, esas partes tenemos que sacarlas del corazón, porque causan más daño que beneficio, aun con apartarlas, hay que conservar el lado funcional del artefacto que saquemos, habrá quien sea solo un engrane en nuestro complicado corazón, y habrá quien sea todo un mecanismo para mantenernos vivos, al final te das cuenta de que puedes seguir viviendo.

Otras… tristemente, puede que la vida te las arranque lentamente o de golpe, ¿qué se hace en ese caso? Se pone en marcha todo lo posible para hacer funcionar la mecánica, como descansar un poco el dispositivo, vaciar el sistema hidráulico, que a veces se llena demasiado cuando la vida te hace esas jugarretas, adaptar el funcionamiento aun con las dudas, por ejemplo: ¿Podré continuar así?

¿Cómo es que mi corazón sigue latiendo y doliendo? Pero... se continúa, pese a todo, avanzas, puede que, si logras pasar todo ese dolor, te des cuenta de que las principales cosas que tenía el mecanismo para hacer funcionar tu corazón, siguen ahí, los recuerdos, el amor y siempre haber hecho lo mejor con quien te armo esa mecánica en tu corazón, al final del día se trata de entender que el funcionamiento de nuestro corazón depende solo de nosotros, pero no quiere decir, que por eso no queramos a las demás personas en nuestra vida.

No se puede medir

El amor y la amistad no se pueden medir en años, ¿entonces en qué? Tal vez, con acciones, con la amistad, la verdadera reciprocidad, el cariño, la franqueza y prudencia, también el poder marcar a cualquier hora, sabiendo, que no podrán hacer mucho más que darnos ánimos, o simplemente escucharnos, porque los amigos tendrán vidas que los puedan llevar lejos de nosotros, con diferentes horarios y ocupaciones, pero su esencia, siempre la llevaremos a nuestro lado, porque en sí, a los verdaderos amigos se les cuenta con los dedos de una mano. Con el amor es algo diferente, debería de ser un compañero de viaje en esta travesía llamada vida, que claro puede cambiar, pero con toda la intención de hacerlo al lado de uno, que puede ayudarte a volar más lejos, se compartirán metas juntos, se buscará crear un futuro juntos, pero aun así se deja al otro desenvolverse en sus propios sueños, el amor es una decisión constante, decidir renovarlo, avivarlo, tomar acción. El amor y la amistad no se pueden medir en años, pero sí en cómo sus acciones marcan nuestra vida.

Amores de mi vida.

Me preguntaron por el amor de mi vida.

¿Debe de haber nomás uno?... Porque cuando la vida me dio un "empujoncito" a un oscuro vacío, mi familia, y los verdaderos amigos que tengo, bajaron, me tendieron la mano, me abrazaron y me tuvieron paciencia, en ese momento entendí, que a ellos debía de amarlos toda la vida, desde ese momento los convertí en amores de mi vida.

Siete maravillas

A veces recuerdo lugares grandiosos, quizá no son tan grandiosos, tal vez, ni siquiera son famosos para las demás personas, pero para mísí, porque son donde obtuve los mejores momentos con mis seres queridos, pienso que de nada serviría ver las siete maravillas, si no tienes por lo menos una persona maravillosa al lado.

Compañía

Muchos quisieran ser un lobo estepario, yo les digo disfruten su jodida vida en manada, que la soledad, así como te eleva, te lastima. En fin, uno no sabe lo que tiene hasta que lo pierde, aquellos que sabemos de desolación, siempre valoraremos cualquier miseria de compañía.

Dos que tres

Cuando me preguntes por qué no tienes amigos, te diré que lo jodiste al no adaptarte a los cambios de la vida de los amigos que valían la pena, porque sí, la vida nos cambia, unos se casan, otros ya tienen hijos, otros viajan; verás, para irse de juerga gente sobra, pero cuando se te cae la vida, porque a todos se nos derrumba de repente, solo pocos estarán listos para ayudarte de la mejor manera que puedan, y tú ya te cargaste dos que tres, que te ayudarían si los necesitaras.

Miedo

El miedo es la prueba de que se puede detener el comienzo de algo magnífico...
Tú y yo
juntos, por ejemplo.

Recuerdos

Si no tuviese mis recuerdos, no tendría este dolor en mi corazón, pero tampoco tendría en él, todo el cariño que creamos juntos.

Siempre

Siempre te pienso, nunca te lo digo, siempre quiero saber de ti, no siempre te hablo, tengo una manía masoquista que me obliga a seguirte, aun cuando sé que es muy seguro que vayamos a ningún lugar.

Nunca fue

Hay canciones que quisiera dedicarte, pero luego recuerdo que ya es muy tarde.

¿Por qué la manía humana de querer aquello que ya se fue o aquello que nunca fue?

Duela más

Tengo miedo de que, si te robo un beso, me quedaré preso del sentimiento y tú simplemente no. No tengo miedo de estar sin ti, tengo miedo de querer estar con toda el alma y tú solamente desaparezcas sin explicación, dejándome con la duda si fue mi culpa o tuya. Dicen que no le debes tener miedo a saltar al vacío, pero duele más cuando el salto es de dos y uno se queda sin tomar el riesgo.

Siempre dolerá más… en fin, tengo miedo de que me duelas más.

¿Dónde estás?

¿Dónde estás?... ¿Estás en mis ojos?

¿O tal vez en mis sueños?

¿Estás en la melancolía del recuerdo?

¿En la llama de la esperanza?

¿Estás en lo que escribo?, o tal vez,

¿estás en los poemas que leo?

¿Estás en las canciones que te dediqué?

¿O en el último suspiro que exhalé?

¿Dónde estás?...

Porque en mi corazón, donde solíasrefugiarte...

Simplemente no te encuentro.

Dudas

¿Y si nunca te miro?

¿Si nunca te encuentro?

¿Te preguntas hoy algo parecido?

Te pregunto a ti... amor desconocido

Sueños

A veces espero que los sueños sean visiones de otras dimensiones, porque últimamente, te he soñado demasiado conmigo, cuando sé que en este mundo no estaremos juntos.

Besos

Dicen que los besos crean adicción, jamás imaginé, que los besos en la mejilla que me dabas fueran lo suficientemente intensos para recordarte a la distancia.

Métodos

Cada cantina, bar, antro que visito, solo es un intento de asesinato fallido a tus memorias, no sé qué es más adictivo, tu recuerdo o mis métodos para tratar de olvidarte.

Jode

Decidí soltarte y no te diste cuenta.
Decidí continuar mi vida alejado de ti.

Entendí que otro te podría hacer más feliz
Entendí que podía seguir viviendo sin ti.

Cuando al fin decidí, solté y viví,

la vida parece proponerme volver a ti.

Jode, ¿verdad?, jode muchísimo.

Soñé

Hoy soñé contigo, habíamos sido más valientes, menos tontos, más claros, estábamos juntos, fue tan real que me desperté, no sé si fue un sueño o una pesadilla, porque no sé qué vale más, si la felicidad a tu lado, o la lección que me dejaste cuando tomamos rumbos separados.

No es lo tuyo

Te fuiste sin explicación, cada día que pasa solo pienso "la excusa tiene que ser mejor", me conoces y te conozco, o al menos eso pensaba, por eso sé, que si algún día, te dignas a querer darme explicaciones, tendré que tomar apuntes, de cómo la gente puede inventar excusas, porque al parecer hablar con la verdad no es lo tuyo.

Resumo

Ya no te escribiré un poema que diga lo que te deseo desde las entrañas de mi alma, lo resumo, con un simple, pero gran... JÓDETE.

A jodernos

Y preferí mil veces tener el duelo de perderte, a que me mataras poco a poco. Preferí jodernos, a ser solo yo el jodido.

Aunque joda...

Quisiera decir que te olvido en los bares, en la cruda realidad de las mañanas, en las fantasías de la droga, en el mundo nocturno, que cada noche apuñalo tu recuerdo, pero no es así, eres una lección de vida que no debo olvidar, aunque joda en mi alma por unos meses.

Primera opción

Yo soy el responsable de que me afectara el daño que causaste, porque solo le damos la espada o la pistola, a aquellos a los que queremos, solo hay dos caminos después de que te lastimen, te sacas tú solo la bala, la espada, la traición o dejas que el que te lastimóte ayude a sanar, es una lástima que contigo tuviera que elegir la primera opción.

Primavera de nuevo

Nos encontramos en primavera, aun floreciendo, fuimos la brisa de verano para el otro, aquella amistad refrescante que te ayuda a soportar el calor de esta vida, entendí el otoño la primera vez que te sentí aparte, queriendo servaliente, intenté encender el fuego para combatir el invierno, pero jamás me imaginé que el frío serías tú, hoy soy primavera de nuevo, aunque ahora floreciendo sin ti.

Inspiración

El amor inspira,
aunque
a veces solo sea el
recuerdo de algo
hermoso, o el futuro
que jamás pasará.

Canción

Siempre te recordaré por una canción, lo gracioso es, como con cualquier memoria, la puedo usar para dañarme o alegrarme.

Manera correcta

Todos pueden estar enamorados de alguien, pero pocos saben amar de la manera correcta.

Amor

"Enamórate del amor, luego de una persona" me aconsejó mi madre. "Es sencillo", pensé. Pero, es diferente; cuando entiendes el concepto es una cosa, a cuando lo vives; y aún más, perder el amor es una lección valiosa, porque le tomas la importancia y lo peligroso que es enamorarse.Pero, ¿por qué lo hacemos?... Porque nos da euforia. Podemos ser felices solos, pero siempre seremos más felices con una persona con la que podamos compartir todo.

Cambios

Me dicen: "Amarás a la siguiente igual".

Solo me queda contestar: "No se puede amar a dos personas de la misma manera, será un amor diferente, tal vez con diferentes niveles de calma, tal vez con más pruebas o será más sencillo, pero siempre será diferente, porque yoseré diferente, y ella no será igual que la anterior".

Copo de nieve

Y aunque sé que no te gusta el frío, Eres en mi vida, como un pequeño copode nieve.

Aquel que alegra a los niños con la esperanza de la nevada.

Así me alegras tú, con la esperanza de una historia mejor.

Luna y atardecer

Los atardeceres y la luna son de los espectáculos que amo observar; para mí, la luna es constante, mientras los atardeceres únicos y efímeros; he perdido mi luna, tú tienes esencia de atardecer, aun así, cada vez desearía, que fueras más luna en mi vida que atardeceres en mis días.

Irónicamente

Contigo no sé si tengo más inspiración o miedo, por mi mente pasan prosas, versos, escritos que te podía dedicar, a la vez me paraliza la idea de volverte inmortal con ellos, para luego perderte, para después estar recordándote y reavivando el amor que te tenía al leerlos. Irónicamente, esta nota causará ese efecto.

Ebrio

Ebrio podría ser el farsante que deseas, aquel, que te puede prometer con versos que te quiere, que te extraña con cada mililitro de alcohol que toma para intentar olvidarte, podría invocar a las musas para contarte las mentiras milenarias usadas por toda la humanidad, pero yo prefiero, sonrojado por el miedo, tartamudeando por la emoción, decirte que… te quiero.

Fotografía

Ayer, mientras dormías, fotografié tu rostro, no usé ninguna cámara, te observé tanto, que memoricé lo hermosa que se veía tu cara quieta, la silueta de la sonrisa con la cual dormías. Ayer mientras tranquila estabas, la gente veía lo maravillosa que estaba la luna, pero yo, veía algo mejor… tu rostro.

Tu mirada

Quien crea que los atardeceres, amaneceres y las estrellas son hermosos, no los ha visto reflejados en la genuinidad de tu mirada.

Fuego artificial

Hay chispazos de paz

Hay chispazos de esperanza

Hay chispazos de alegría

Y luego estás tú, un fuego artificial de emociones.

Ojos

No recuerdo bien la primera vez que te vi, recuerdo el lugar, pero no la hora, no recuerdo si te hablé, me hablaste, o nos presentaron, lo más claro que tengo es que desde ese día hasta hoy, siempre me perderé en tus ojos.

Sin ti

Porque puedo despertarme y vivir sin ti,
que me vayan bien las cosas sin ti,
bailar como un trompo sin ti,
disfrutar de todo lo que me hace reír sin ti
puedo maravillarme con paisajes sin ti.

Encontrar y devorarme libros sin ti
ver series, películas, obras sin ti.
¡Joder!, puedo seguir mi vida feliz sin ti.
Y aun así no quiero, no quiero la vida sin ti.

Y aunque me vaya muy bien,
lo que quiero, es a ti,
No te requiero en mi vida,
pero te quiero en ella.

El amor de mi vida

Me preguntaron por el amor de mi vida. Hace ya bastantes años, después de una noche de llanto, donde vacié mi tristeza, entendí que ese no era.

Años después, al comprender, que no tendría explicación del "ya no", fue entonces que entendí, que ese tampoco.

Más recientemente, cuando en lugar de acompañado, fui desolado, al fin entendí, que el primer amor de mi vida tenía que ser YO.

Un nido

Siempre me gustó tu espíritu de ave, tal vez porque también me encanta la sensación de volar y recorrer horizontes, si en vuelo coincidimos, será magnífico disfrutar tu compañía, mas no quiero obligarnos a volar siempre juntos, ni a disfrutar los mismos cielos, ni observar los mismos atardeceres, solo quisiera tener un nido, en que pudiéramos ambos regresar de vez en cuando, para recargarnos las baterías, sin privarnos nunca de nuestras libertades.

Tipos de besos

Los besos son como las personas, ninguno es igual al otro, lo cual los vuelve fascinantes, adictivos, curiosos y desesperantes, aun así, es magnífico tener todo un océano de posibilidades.

Eléctrico

Un beso eléctrico, desde que los labios se van acercando se pueden ver chispas que salen y al tocarse es tanta la intensidad, que la resistencia que pueden tener los cuerpos sede, creando con gran potencia una gran reacción entre los dos seres, se dice que estos besos hacen que todos los electrones recorran cada una de las partes de los individuos, es tanto su poder, que genera un campo magnético que los mantiene unidos, luego de tanta energía, se separan, obligados por la duda de tener un beso intenso en emociones, el corazón termina latiendo fuertemente por la descarga de electricidad que acaba de suceder, no se sabe si de alguno de estos besos pueda nacer el amor, pero para un servidor son de los besos preferidos.

Fantasmal

Los besos de este tipo son los que nos dan nostalgia en un día nublado, el recuerdo de lo que ya no será, aquellos labios que quisiéramos rozar, pero no se encuentran ahí, la psicofonía torturante que resuena en nuestro cerebro al acordarnos de esa persona. El problema de tener un beso fantasmal es no poder dar el siguiente paso, no querer probar una nueva experiencia, dejamos que nos posea lo que ya no existe, debemos entonces, exorcizar ese sentimiento, guardarlo en una cajita y tomar la decisión de saltar a lo desconocido, es la única manera de conseguir un nuevo tipo de beso.

Relativos

Son los besos, que nos recuerdan que la teoría de la relatividad es cierta, mientras las bocas se acercan, se experimenta la sensación de que el tiempo avanza cada vez más lento, cuando al fin se tocan los labios, se puede dar uno cuenta de que la eternidad existe, pareciese entonces que el tiempo se ha detenido, aunque pensemos que eso nos asustaría, al contrario, nuestra alma desearía que fuese así, ya que cuando menos piensas, esa eternidad acaba, pareciendo entonces que el tiempo pasó demasiado rápido, dejando la adicción de quererlo repetir; se dice que esos besos se logran cuando las almas sincronizan su deseo de besarse.

De fuego

Son los besos de la pasión, no solo los siente el cuerpo, sino también el alma; son aquellos que al recordarlos, el cuerpo se vuelve a estremecer, son como toda buena fogata, se inician con calma, aumentando poco a poco la intensidad, hasta el punto que el incendio es inminente, las almas de los usuarios se vuelven soles abrazadores que necesitan sacar su energía con la intención de no dejar nada, aun cuando se termine, si llega a quedar una brasa, solo hace falta una mirada para iniciar otro incendio, son besos que pueden provocarse hasta en el frío invierno.

De compañía

Quien no recuerda ese beso en la mejilla dado por un familiar, o aquel beso en la frente que nos dan nuestros seres queridos, o nosotros a ellos, esos besos que nos hacen sentir acompañados, queridos y protegidos, si se quisiera que el mundo fuera un lugar mejor, se crearía una cultura en todas las familias de hacerlo, así los niños serían más felices.

Sabor despedida.

Tal vez por ser demasiado planeados, o porque se pone demasiado esfuerzo para que sucedan, aunque solo es cuando las almas se encuentran al unísono que sienten su destino, dándose cuenta de que están designadas a no ser, por más que lo intenten, se sienten como probar un postre delicioso que rápidamente deja un sabor amargo en la boca, al abrir los ojos, solo puedes ver la tristeza del otro, ambos saben que el final llegó, ambos con la mirada… se dicen adiós.

Cuando parta

Cuando piensen en mí, imaginen que estoy de viaje, que un día estaré con ustedes nuevamente y me podrán dar todos los abrazos que ahora extrañan y que también yo necesitaré.

Despedida

Al momento de verse las caras por última vez, comentaron poco a poco con felicidad, tristeza y timidez, primero ella, luego él, lo siguiente:

—Seré la sonrisa que no puedes esconder, al recordar, lo que sientes por mí.

—Seré los suspiros, que sueltes en el día, cuando pienses en mí.

—Mas seré tu desesperación, la razón por la que no puedas dormir en las noches, preguntarás a las estrellas, qué estoy pensando yo, dándote tantas respuestas, ninguna acercándote a la correcta.

—Y yo seré la causa de lágrimas en la almohada, que guardan todos los porqués que te preguntas a ti misma, todo eso que hace que me ames y me odies.

—Seré tu palidez en el espejo, tus sustos, la razón por la que pidas mil consejos a tus amigos, para no perderme.

—Seré la causa de que tus amigas te abracen, preguntándote un "qué te pasa", sabiendo lo que ocurre.

—Seré el recuerdo de mil sonrisas.

—Igual yo, pero también seremos, el recuerdo de una tristeza.

—Sí, seremos el recuerdo de esta despedida.

—El recuerdo de verme con esta maleta, estas lágrimas.

—Seré el recuerdo de las palabras que preguntan, ¿qué haremos?

Abrazándose, al unísono, soltando lágrimas, se dijeron uno al otro susurrándose al oído:

—Seré el amor bello, que nunca olvidarás, pero que hoy tiene final.

Diferente

Cuando todo acabó; tus recuerdos, memorias y mis sentimientos por ti, estaban desordenados en mi corazón. Me puse a ordenar todo, a sacar lo que ya no era sano para mí; puse un banquito, por si alguien quería entrar, para que estuviera cómodo esperando el momento. Conforme limpié y tuve una ayuda temporal, se logró ordenar todo, aun así, en la repisa de la derecha, donde guardo los recuerdos de las personas que me han hecho feliz, ahí está tu fotografía, con la sonrisa que siempre recordaré; no se olvidan los amores pasados, no creo que se superan, solo se acepta lo que no puede ser, y se sigue amando, de una manera diferente, al siguiente.

Abuelo

Hoy recordé algo que no puedo reclamarte, te fuiste antes de mis graduaciones y mis logros, por lo que no entiendo, ¿cómo podrías, según tú, predecir que sería alguien grande?, si no estuviste para verlo, ¿cómo podrías apostarlo?, si todo en ti ya estaba cansado... tu caminar, tu sonrisa y tus sentidos, ¿cómo podrías prometerme tan buen futuro?, ¿cómo podrías acaso decirme que sería grande?, si tú no llegarías a verlo. ¿Cómo enseñarme a ser valiente?, si no estuviste para enseñarme, lo que es la valentía, a llorar menos y sonreír más; si tú partirías tan pronto, ¿cómo es que viste todo lo que logro y sonreíste sabiendo que no estarías presente?... hoy recordé, lo que ya no puedo reclamarte, o más bien, recordé lo que ya no te puedo agradecer en persona.

Viento

Cuando el viento sopla, suelo pensar que son caricias de ella rozando mi piel, cuando el viento mueve las ramas, veo en sus movimientos, saludos que me envía a la distancia, cuando resuena en las ventanas en la madrugada, tiendo a pensar que está tratando de despertarme, para que no se me haga tarde ese día, cuando el viento silva a través de mi casa, suelo pensar que son "te quiero" que me manda ella, cuando observo que el viento me empuja, pienso que es ella, tratando de hacer que no merinda, hace tanto que se fue, pero siempre supe que era como el viento, libre, fugaz, aquello que necesito a mi lado para vivir y aunque ya no está, estoy seguro de que su alma se hizo viento, para no apartarse de mi lado.

Nunca recuerdo o recordaré

Nunca recuerdo la fecha, en la que un ser querido partió para siempre, no sé decir, si han pasado dos, tres, cinco o más años, porque al final, el nudo en la garganta y la tristeza suelen sentirse como si hubiera sido ayer. Aprendí a vivir con ello, pero no quita el hecho de que cada vez que los recuerdo, no pueda diferenciar el tiempo que ha pasado, que siempre se sienta, como si hubiese ocurrido ayer.

Entonces me pregunto: ¿De qué sirve sentir algo como si fuese reciente?, y es simple, es un recordatorio constante de que debo de apreciar a los seres queridos que me quedan y a los nuevos que llegarán.

Alguna vez escuché decir, que la vida no te quita cosas, te libera de ellas para que vueles más alto. Creo que se puede aplicar a varias situaciones, aun así, está resumida, ya que en sí, para poderse aplicar en este caso, la vida te quita a las personas para que tengas pesares, un peso extra en sí, pero así aprendas a valorar el vuelo de la vida, aprendes a apreciar quién vuela a tu lado, en consecuencia aprenderás a volar más alto, como si fueras más ligero.

Tú eres las estaciones

Cuando apareces vuelve a ser primavera,
siempre embelleces todo a tu manera,
siento todo el calor de un verano
con solo tomar tu bella mano.

Al llegar pronto la despedida matinal
siento dentro de mí el viento otoñal,
dibujo tu recuerdo en mi cuaderno
para sobrevivir a este frío invierno.

Contigo entiendo más las estaciones,
he aprendido más sobre mis emociones,
por eso siempre estoy a la espera
de que vuelvas tú, mi primavera.

Enamorar

Disculpa amigo que te vaya a interrumpir
pero a veces en esto se puede sufrir,
no te dejes nunca de enamorar,
es lo mejor que te puede pasar.

Disculpa amigo, sigo con mi insistir,
deja de decir que el amor es un maldecir,
sé que la pasas mal, he estado en tu lugar
pero te digo amigo mío, no te dejes de enamorar.

Sé que es difícil la soledad,
sé que es difícil la realidad,
que recuerdos con ella no puedas más formar,
que no se vea lindo para ti, el atardecer o el mar.

Sé lo difícil que en el anochecer
aún pienses en aquel querer,
que ser recuerdo sabor a miel
se convierta en una herida de hiel.

Con un mal final te encontraste
sé que no fue lo que buscaste
pero recuerda todo lo que en ese tiempo
estuviste dentro de ti sintiendo.

Sé que más brillo en el mundo encuentras
cuando realmente te enamoras.
Si eres feliz, más feliz te volverás
todo en ti, todo tu ser mejorarás.

Solo hoy amigo mío, te fueron a herir
pero a veces en esto se puede sufrir
Sigue mi consejo, no te dejes nunca de enamorar
soy prueba de que es lo mejor que te puede pasar.

Decidir

Tomar una vez más el lápiz o dejarlo caer
no hay a quién escribir o eso ellos creen
juntar las palabras para formar nuevos versos
aunque no recuerde el amor, dolor o los besos.

Simple humano

No soy el santo que piensan
ni el malvado que juzgan.
No niego todas mis raíces,
tampoco alabo a otros países.

No soy siempre amable primavera,
no siempre quiero ser sutil marea,
no soy todos mis fracasos,
mucho menos mis triunfos.

No soy siempre un invierno,
no siempre seré yo el tierno,
no soy la fuente de la serenidad,
ni tampoco el caos o la maldad.
No soy tan abierto como tú quieres
pero tampoco tan cerrado como tú ves
soy, solo un simple ser humano
¿No merezco que me des la mano?

No es lo que todos dirán

De irme lejos decidí ser un pionero
sin ver a quien le daba mi lealtad,
terminé siendo un prisionero
en la tierra de la libertad.

Mostrando todo lo que yo valía
me ha costado mi identidad,
para que pensaran "es cobardía"
en la tierra de la dignidad.

De mil maneras busqué un buen final,
no es lo que todos dirán.
Aun así, divulgarán, que yo soy el mal.
En fin, es la tierra de la "libertad".

Llego a marzo.

Te extraño a la misma vez que avanzo.
No encuentro cómo, pero llego a marzo.
Entre llanto y risas al fin llegó el plazo
con miedo un adiós es lo que trazo.

¿Algo cambiaría si hubiéramos sido valientes?
Me pregunto mientras aprieto los dientes,
pensarás que es para ti, pero es diferente,
cosas que por no cambiar terminan ausentes.

¿Cuándo?

¿Cuándo mi terca razón
volvió a perder contra el corazón?
¿Cuándo fue que de un descuido
mi mente volvió a sufrir de olvido?

Borrando todo el daño hecho,
curando un alma en desecho,
eliminando un sentimiento de desprecio
y recuperando de la basura el aprecio.

¿Cuándo regreso la esperanza
trayendo consigo a la paciencia?
¿Cuándo desapareció el temor
y reencarnó en mi vida el amor?

Salas de espera

Estoy en la sala de espera de tu corazón
esperando que me subas de posición
esperando ser tu príncipe, tener ese honor
ganándolo, dando siempre de mí, lo mejor.

Te quiero

Te quiero, aunque nos peleemos o enojemos
Te quiero, aunque a veces no nos vemos
Te quiero, aunque tú no me quieras tanto
Te quiero siempre feliz, sin lágrimas o llanto.

Te quiero desde el amanecer hasta el anochecer
Te quiero, aunque tal vez no me lo vayas a creer.

Te quiero y hoy te lo quise decir
Te quiero y hoy te lo tenía que decir.

Te lo aseguro

Este poema lo hago para acercarme a tu corazón,
decirte que te acercas más al mío en cada ocasión
que pienso en futuro y quiero que sea contigo,
en la esperanza de poder ilusionarte me apego.

Sé que se necesita tiempo en el proceso
pero poderte perder me pone tenso.
Quiero que tengas claro que te quiero
que mi cariño tienes, te lo aseguro.

Tu poeta no solo quiero ser, sino también
Tu príncipe, la persona que tu vida cambie.
El que esté ahí y te apoye en cada momento,
en los buenos y los malos, créeme, no te miento.

Pero se necesita tiempo en el proceso
pero poder perderte me pone tenso.
Quiero que tengas claro que te quiero
que mi cariño lo tienes… te lo aseguro.

Quisiera

Quisiera dedicarte mil poemas
que me inspires más y más
tu poeta quiero poder ser
tu cariño poder merecer.

Que seas mi maravillosa musa
que seas mi hermosa princesa.
Que seas para mí la inspiración día a día
para escribir siempre una gran poesía.

Mandarte en el viento
todo mi sentimiento
"cuánto te quiero" siempre decirte.
Por eso ser tu poeta quiero pedirte.

Serías mi inspiración al amanecer,
en mis sueños estarías al anochecer.
Déjame regalarte mi corazón,
enamorarte es mi ambición.

Medicina

Estabas ahí tan perfecta,
la medicina de mi receta.
Estaba yo tan resquebrajado,
que por hoy te he dejado.

La soledad me hará compañía,
no creas que solo será un día
necesito estar para ti perfecto
o más bien sin tanto defecto.

Complejos

Soy toda una caja de complejos,
tengo en mí algunos imperfectos
que me hacen sin igual y único,
que me convierten en un ser inédito.

Fantasma

Ella una hermosa dama,
él un simple fantasma,
con sus apariciones quería demostrar
todo lo que él la podría amar.

Al amanecer, él siempre daba todo.
Él hacía que de cualquier modo
empezara siempre con un buen día,
que saliera siempre con una alegría.

Siempre en el atardecer la esperaba en el portal
deseando y rogando que no le pasara algún mal.
En las noches, él una suave brisa le daba
mientras ella, con otro en las noches soñaba.

De nada funcionaban sus esfuerzos
ya que ella, no los veía con sus ojos
él cada día se sentía peor
por no recibir nada al dar amor.

Hasta que un día un accidente a ella le pasó
que al estar casi al borde de la muerte le causó
que pudiera estando viva al fantasma ver
y así el amor de ese espíritu poder entender.

De ahora en adelante loca es llamada,
mas no escucha nada al estar enamorada
lo que para unos su accidente es malicia,
para ella un regalo de una divina gracia.

No sabemos perder

Ahora que se ha transformado nuestra relación,
por nuestras decisiones es un tren en colisión.
Te digo que pongamos el punto final a este acto,
a este escogido, único y pésimo mal reparto.

Pero sabemos los dos muy bien
para qué pensamos en quién,
los dos no queremos separarnos
aunque no estamos enamorados.

Ambos somos tan posesivos.
Ambos somos tan obsesivos.
Con lo que es algo perder,
por ese preferimos ser.

Dos pájaros moribundos en su prisión,
que conocer romance en un balcón.
Dos soldados con una guerra fría
que dos civiles que en todo confía.

Preferimos una relación impía
que una libertad que alivia.
Dos pececitos encerrados en una pequeña pecera,
que tener un amante que por nosotros la vida diera.

Es en lo único que ambos coincidimos.
Es en lo único que estamos decididos.
En que uno sea tan amargado,
como el otro esté tan enojado.

Que ninguno de los dos conozca la lealtad,
que ninguno camine cerca de la libertad,
que ninguno trate con la felicidad,
no conocer del amor la austeridad.

Porque ambos somos tan posesivos.
Porque ambos somos tan obsesivos,
con lo de no dejar cualquier cosa perder,
por ese preferimos esta soledad tener.

Ocasiones

Solo en algunas ocasiones
te recuerdo en las canciones.
Solo en algunas ocasiones
me ganan mis emociones.

Es melancolía en momentos,
unos acumulados sentimientos.
Pero créeme que no miento,
que hoy más libre me siento.

Agua y fuego

Así es la combinación de agua y fuego
su dinamismo es siempre un juego,
apagarse y solamente distanciarse
o prenderse para poder al fin saciarse.

Viva hipocresía

Eres viva hipocresía,
yo que en tu amistad creía,
eres muestra de ironía
y pensar que te creía.

Te volviste viva envidia
lo demostraste este día,
eres muestra de imprudencia
y se ha acabado mi paciencia.

Sé que no habrá despedida,
no me preocupa esa movida,
porque perdiste mi amistad,
una muy buena en realidad.

Recuerdo

Aun cuando no estás presente,
apareces siempre en mi mente,
siempre de forma diferente,
dejando mi alma inconsciente.

Dime cómo dejar tu recuerdo
para volver a ser medio cuerdo,
cómo dejo este estado
que me trae destrozado.

¿Acaso se te puede olvidar?
¿Se puede tu recuerdo dejar?
Dame una respuesta.
Quítame esta tristeza.

Sé que me puedo ir

Ahora que te veo feliz
sé que me puedo ir.
Porque él te regala rosas,
te alborota las mariposas.

Te sorprende cada mañana,
es como si supiera de magia.
Verte encontrar esa felicidad,
me da esperanza en realidad.

Esperanza que me obliga a marchar,
que me motiva a poder continuar.
Ahora que te veo feliz,
sé que me puedo ir

Entender

Así como me tomé tus besos
me tragué todas tus mentiras,
Y entre los tantos descensos,
y entre las tantas caídas...

Tardé en poder entender,
tardé en poder comprender:
No es quien te manda a volar,
es quien no te deja derribar.

Te agradezco

Te agradezco los recuerdos.
Te agradezco los te quiero.
Te agradezco los abrazos.
Te agradezco los desayunos.

Te agradezco las desveladas.
Te agradezco las aventuras.
Te agradezco las comidas.
Te agradezco las llamadas.

Te agradezco la lealtad.
Te agradezco la felicidad.
Te agradezco la amistad.
Te agradezco la honestidad.

Y hasta te agradezco aún,
cuando en determinado momento,
lo dejaras de hacer de verdad.

Padre mío

Padre mío, al mirar las estrellas,
al mirar todas esas cosas bellas,
al sentir el viento en mi piel,
al probar el sabor de la miel.

Padre mío, al hundirme en estas sensaciones
se forma, poco a poco un mar de emociones
y me doy cuenta del amor que me das,
y me doy cuenta de que siempre me cuidas.

Padre mío, al voltear a ver mi destino,
al ver las maravillas que vi en mi camino
alrecordar todas las lecciones tomadas
que hicieron de mí una versión mejorada.

Padre mío, al hundirme en estos recuerdos
me he dado cuenta de todo lo que me fue dado
y me doy cuenta del amor que me das
y me doy cuenta de que siempre me cuidas.

Padre mío, siempre de corazón te agradeceré,
toda la gente que conozco y además conoceré,
todo mi pasado, todo mi presente y mi futuro
por volverme un hombre humilde y seguro.

Tal vez

¿Crees que las almas tengan un sonido unísono?
¿Puedes escuchar nuestras almas juntas o no?
Tal vez es la música de nuestras almas lo que nos atrae.
Tal vez es nuestra mirada indirecta la que nos distrae.

¿Crees que los sucesos memorables sean milagros?
¿Que juntos ya no tengamos finales amargos?
Tal vez esto se está haciendo cada vez más grande.
Tal vez esta unión permita que no haya pierde.

¿Crees que el esfuerzo siempre es premiado?
¿Que conseguimos lo que pedíamos demasiado?
Tal vez esto es nuestra merecida recompensa.
Tal vez esto es el final feliz que apenas empieza.

Mami Chelo

Aprendimos a extrañarte con una sonrisa.

Aprendimos a abrazarte, en la gente que te amó.

Aprendimos a sentirte sin verte, a acariciarte sin tocarte.

A caminar mirando el cielo esperando una señal.

A soñarte con los ojos abiertos.

Aprendimos a llorar sin ahogarnos

Aprendimos a avanzar día a día,

que se puede ser feliz aun con lágrimas,

y aunque se pueda vivir sin tenerte,

nuestros corazones aún te recuerdan;

créeme, siempre lo harán… querida abuela.

Cada mañana

Cada mañana, repito la misma acción,
cada mañana, intento sacarte del corazón,
cada mañana, siempre cuenta me doy
que estás muy clavada, en todo lo que soy.

Cada tarde, repito la misma situación,
cada tarde, ver el atardecer con una canción,
cada tarde, llego al mismo resultado
que quisiera que estuvieras aquí a mi lado.

Cada noche, repito la misma operación,
cada noche, busco que ya no dañes mi razón
cada noche, llego a este desenlace
de que sin ti, mi vida es un mal trance.

Navegando

Navegando en mi barco de papel
en el mar que sumergía mi pincel,
me di cuenta de los cambios de la vida,
de las bienvenidas y las despedidas.

De las oportunidades que pasar dejamos,
cuando siempre nos creíamos los amos
de los que saludar ya no podré jamás,
me di cuenta de eso y mucho más.

Navegando en esta embarcación
me di cuenta de que mi corazón,
marcas lleva de todo lo vivido
allí jamás existirá el olvido.

Made in the USA
Monee, IL
29 May 2022